심心
정情
의
꽃

임흥윤 시집

청옥

시인의 말

있어도 없는 듯
소란스럽지 않게
조용히 성자의 미소 배워가며 한 획 긋는
평범한 일상은 하늘이 가르쳐 준 사랑 노래이고 싶다

명상의 숲길에 거닐 때
고요한 심정의 터에
아버지의 발걸음 소리가 떨군 씨앗으로
예쁘게 시 꽃 피워내
사랑하는 소중한 분들에게 시집으로 엮어 건넨다.

2017년 8월

임 흥 윤

차 례

제 1 부

제2부

제 3 부

제4부

제1부

겨울나무

하늘이 가르쳐주는 사랑 노래
따라 부르다 보면
거친 심성도 고와져

천도의 순리 속에서
생육되는
아이의 환한 미소로 세상 바라보면
아름다운 무릉도원에 피어있는 우담바라 꽃 보게 되리라

순백한 비움 안에
차가운 눈발 휘날려도
선명하게 드러내 보이는 해맑은 세상

냉기류에
그대 숨긴 눈물도
칭찬과 격려로 희망의 온기 돌아
속울음 달래줄 수 있이 좋고
그대의 기쁨 공유할 수 있어 좋아

간절곳

하늘이 점지해 준 사랑 외에는
사랑 이야기는 하지 말자

사랑은 멀리서 왔다가
뜬 구름처럼 무의미하게 흘러가는 것이 아니기에
무슨 의미든 의미를 부여하는 사랑 이야기는 하지 말자

너희들과 함께하는 이 시간들이
사랑이 가져다 준 희열의 절정인데
또 다른 하나의 욕심 가지랴

사랑이 결실된 황홀함에
빛으로
빛으로
이보다 더더욱 아름답게 만든다며
덧칠하여 회색 그림자 만들지 말자

철학과
종교가 추구하는 최후의 종착점이

家庭의 참사랑이라는데…

부모 사랑 · 부부 사랑 · 자녀 사랑 · 형제 사랑
이 4대 심정권*이 참사랑의 골수라는데
더 이상 무슨 사랑을 말하랴

* 心情圈

감사

쩍 쩍 갈라진 논
수심 가득 바라보는 농부 시름 위에
단비이고 싶은 날
펑펑 쏟아지는 장대비이고 싶습니다

모든
사물은 하늘을 닮아
신성을 가진
소중한 생명체

광활한 천주 안에서
영혼의 본향 찾는 양심은

나는
너이고 싶고
너는 나이고 싶은 본질 앞에서

살아 있음이 기쁨이어야 한다고
살아 숨 쉬고 있음이 감사라고

맘이 아프면 온몸이 다
아프다

경전 필사 2

텅 빈 곳에 숨틀이 열리고
태초에 점 하나
욕심 없는 안식의 보금자리
바람도 머물지 않는 고요한 둥지
사색의 끝자락에 머물러
어머니 그리움의
간절임으로 잃어버린 정 찾아갑니다

날갯짓 푸득임
천년 사를 두고
갈고 다듬는 경전 필사

성자의 피 토하는 절규
절대선은 어디에 머물러 있다가
사랑의 꽃망울 터뜨릴까

모래사막 가로지르는 빛살 무늬는
누구의 발자취일까

경솔하게 살아온 늙은 작가의 참회록
후회의 눈물
지난 어리석은 엉클린 자국
바로 잡을 수 없는 설움
얼마 남지 않은 황혼 길 위에서
혼신 다함에 부르르 떨리는 기도의 향불 아래서
경건한 삶을 향해 경전 필사하며 중심 좌표 세워 봅니다

경전 필사

수평과 수직 점에서 울고 있는 아이
심오한 하늘 슬픔을 보았다
이러지도 저러지도 못 할 슬픔이
요동치는 것을 보았다

아바 아바지여
죽음의 능선에서
왜 날 버리냐 울부짖는 소리는
천둥소리 같았다

하늘은
그를 버린 게 아니라 감싸 안았다

홀로 두고 온
장미 그리움에 우는 아이
그가 어디론가 떠나며 남긴 흔적
그건
경전 필사 두루마리였다

뜻 길 여백에 필사된 부모님 경
천전궁 박물관에
있음을 후대들은 볼 것이다

수평과 수직이 만나는 정오 정착지에서
울고 있던 어린아이의 흔적은
경전 필사였다

고뇌

살만큼 살아왔는데
가진 지혜는 하나도 없고
이것저것 주워 모은 보석 상자 열고 보니 그게 아니다
그때는 좋았는데
아름다웠는데
그리 무엇이 소중하다고
헛살았구나
헛살았구나

바윗돌 틈새 비집고 솟아오르는 샘물 줄기
생명의 원천
물의 근원지에서
날 찾아 부르는 애절한 어머니 음성

고행 길

그대는 이 세상에서
가장 숭고하고
아름다운 것은 무엇이라 생각하느냐

어머니 형상이더냐
아니면
사랑이 곱게 피워낸 심정의 우담바라 꽃이더냐

궁전이나 움막이나 가리지 않고
천년 사에 숨겨 두어도 빛으로 남아 있는
고행 길에서 얻은 행복의 희열은 무엇이더냐

굴렁쇠

낮으면 낮은 데로
높으면 높은 데로
깊으면 깊은 데로
둥글게 둥글게 굴렁쇠 굴러가듯
훤히 알고 있는 듯 투명하게
유유히 흐르는 물길이었으면 좋겠다

잘나고 못난 것 없이
서로가 서로를 위하며
구르다 돌부리 부딪쳐도 튕겨 오르며
다시 구르는
굴렁쇠 같은 인생길이었으면 좋겠다

해 질 녘
밥 먹으라고 부르는 어머니 음성에
놀이마당 아쉬워도 집으로 향하듯
하늘이 부르면
거부하는 몸짓 접고 두려움 없이
순명 길 따라 본향 집 찾아갈 수 있으면 좋겠다

그대는 원석

지식이나 지혜는 없어도
성실하게 살아온 당신

거친 손등과
검게 탄 구릿빛 얼굴이 전해주는 숭고한
아름다운 그대의 미소

간사함으로써 타인을 속일 줄도 모르고
고운 것 드러내 자랑할 줄도 모르는
우직한 그대 삶

고운 향기 대신 땀 내음 풍겨와
남들이 싫어하는 궂은 일 도맡아 하면서도
짜증 부릴 줄 모르는 그대

다듬지 않은 원석 그대로의
당신 참모습은
본연의 하늘 향기인 듯 싶습니다

그대들은 아시나요

꽃잎 피어내는 향연을
그대들은 아시나요
질서 정연한 황금 비율이지요
3 잎, 5 잎, 8 잎, 13 잎, 21 잎…

꽃의 향과 아름다운 색감들
그대들은 아시나요
뿌리가 전해 주는 한의 눈물은 보셨는지요
꽃을 피워 내기 위해 가느다란 실뿌리의
애절함은 보셨는지요

뿌리가 전해주는
어머니 젖 내음 같은 속정의 이야기는 들어 보셨나요
뿌리가 절규하는
실뿌리가 언 땅 헤집는 한 맺힌 소리를
그대는 들어 보셨는가요
그대가 아름다운 자태와 향기 드러낼 때
뿌리의 속정 터지는 아픔이 있음을 그대는 아시나요

길

아무도 함께해주는 자 없는
골고다 십자가의 길

아바
아버지여
왜 날 버리시나이까

그렇게
태초에 사랑 길이 열렸다

깃털

알갱이 한 톨 없어도 하늘 꿈 곱게 담아보고 싶어서
가벼운 깃털로 저항 없는 허공 속
유유히 나풀거리며
홀로이어도 외롭지 않을 줄 알았어

사라짐이 목적일지라도
그것이
허망인 줄 몰랐어

기저귀 차고 요양원에 계신 할머니 얼굴
왜 이리 눈물 만들어 낼까

나는 외롭다고
되돌아오는 슬픈 메아리
그저 가벼운 깃털인 줄 만 알았어

꽃 향기

허상의 나래 깃 푸득이다
빛이 있음을 보았다
마지막 숨을 내린 닻줄에 걸린
사랑이라는 걸망 속엔 무상무념만이
그 집을 지키고 있었다

바람이 내려와 쉬어가던 계곡에
피어난 묵언수행 꽃
세월 이기지 못하고
시름
시름
詩가 미친 굿춤 추던 향기
가피 인연 따라
보리밭에 한송이 붉은 꽃을 피워 냈다

꿈

삼진 아웃되지 않고
한 방에
장타 날려 홈런 볼 쳐 볼 거라고
…… 혹사시키는 옹고집

드높은 하늘에
무한대의 꿈 펼쳐 보인다고
활짝 웃음 진 용기로
뼈 마디 무너지는 줄은 모르고
경전 필사에만 정진하는 고집 불통

짓밟혀
죽어 가면서도
가만히 숨 죽이고 있다가
간 밤 찬이슬 머금고
꿈틀 꿈틀 되살아나는 질경이
아직 살아 있다는 증거일 게다

아빠한테
지지말고 옹골차게 다문 입 두 눈 똑바로 뜨고
쳐다보라 알려 주는 딸아이

이게
딸아이가 전해주는 어미 사랑일 게다

엄마 아빠
사랑하는 증표일 게다

裸木앞에서

세상은 너무 길고 넓어서
내 연약함 허영의 겹옷을 걸치고
裸木앞에서 詩心키워 봅니다

얼마만큼 큰 사랑을 품어 안고 있기에
지난여름 땡볕과 강풍은 어찌 견뎌내고
여린 숨결 같은 기도로
떨어져 나간 푸른 잎새를 그리워할 수 있다냐

그대가 들려주고 싶은 사랑 이야기는
여름날 푸른 잎새들과 정 나눈 추억이더냐
아니면
봄을 기다리며
허공 중으로 사라져 간 휘파람 소리
시인의 노래이더냐

누군가에게 향기 배인 노래 글 전해주고 싶어서
어둔한 감성 도닥거리며
날밤 새우던 젊은 시절이 그립다

내 사랑

사랑의 끝점에 매달린 그리움
바로
너였다

우담바라 꽃
사람을 대할 때 본성은 숨기고
바라본다지
그래서
은은한 미소에 오래도록 취하는 걸까

그대가
건네주는 시 꽃
오래도록 우려낸 시 꽃

아프지 않고 오래도록

내가 나답게 5

안녕
살아온 환경이 다르고
생각이 다를지라도
서로가 서로를 위하며 평화스러운 사랑 노래로 살아가야지

설혹 허물이 보이면 허물 보이는 나의
굴곡진 내면 먼저 살펴보고
헤아림이 공정한 저울추 되도록 자성의 끈 놓지 말아야지

성스러운 종교도 이념을 앞세우다 보면
교만에 빠지며
사랑의 노래 길도 가시 숲길 만들어져
내가 부르는 노래가 고운 노래는 아닐지라도
탁음되어 혐오감 주지 않도록
고요로 흐르는 순풍의 소리 길 만들어
싹 돋은 여린 풀잎에게 평온의 미소 건네 줘야지

내면의 아이

내면의 아이
기다림에 지쳐 퉁퉁 부은 눈으로 잠든 얼굴
꿈속 그리운 어머니
눈 뜨면 만나볼 수 있을까

푸른 잎새 무성한 나무
뿌리는 돌 틈 사이 헤집고 울고 있네요

어머니
영원히 마르지 않는 사랑의 샘물이고 싶어요

태초에 타락으로 꽃 진 자리
사랑은 미아되어 우주를 떠돌다
아버지가 앞서 가신 탕감 길 따라 지구성*에 찾아와
슬픈 노래 부르고 있네요

어머니
소외된 이웃과 친구 하며
아파하는 자 치유해 주는 손길이고 싶어요

* 地球星

누님의 강

누님의 강에 나룻배 띄워
고향에 묻어두고 온 흔적들 회상해 봅니다

누님이 일렁이는 파도는 눈물이 됩니다
29살에 혼자되시어
올곱게 자식 키워가며
힘든 삶 고운 미소로 삭히며 살아온 누님
등 굽은 허리 곧게 세우고 손자 결혼식 때는
개선장군되어 환하게 웃으시던 누님 얼굴에

누님의 회한의 삶이 꽃피워낸
가슴 시린 꽃이어서
누님 얼굴 똑바로 바라볼 수 없어서
이별 인사 하는 둥 마는 둥 얼른 돌아서는데
멀리까지 뒤따라오는 누나 그림자

누님 아주 어릴 적
밭고랑 호미질로 어머니는 젖먹이 동생 돌볼 틈 없어서
오줌싸게 동생 등에 업고

고무줄놀이도 못 하고 친구들 고무줄놀이 바라보고 있자면
등에 오줌까지 싸놓고 칭얼대는 젖먹이 동생인
내가 내가 미워서 함께 울었다지요

누이야

이기심으로 엉클린 매듭
술술 풀리는 어머니의 실타래
아픈 상처 도닥이는 어머니의 따뜻한 손길 그리운 날
어머니 숨죽인 눈물만큼이나 아린 사랑
언 땅에서 동면 참을 만했지
사람 사는 세상 미움이 싹트지 않는
고요로 흐르는 사랑의 물길이었으면
소란스럽지 않게
권유가 아닌 자유의지로 피워낸
들꽃 같은 인연으로 만나서 곱고 좋은
온기 가득한 사람들이 사는 동네였으면
누이야
사랑 노래로 빛 그림 그리며
빛으로 빛으로 살자

눈물

그대 탓도
내 탓도 아닐진대
누군가의 등에 기대어 응석 부리고 싶어요
엉 엉 울고 싶어요

나이를 먹어도
아직 어린가 봐요
굴곡진 나이테에 고인 얼룩들이
슬퍼서 울고 있네요

사내는 눈물이 없어야 대장부라는 말
슬픔이 말로 표현 안 될 때는 눈물이 나는데
하늘도
구름에 가둔 슬픔 참아내지 못하고
비 되어 내리는데
사랑한다는 말로 얼버무리기엔 너무 슬픈 일이라서
엉 엉 울고 싶어요

능선 너머

영혼에게 호소할 때
선과 의로움
그리고 맑은 미소의 자비 향이면 됐지
당근과 채찍도 필요할까

어릴 적엔
한 번도 가보지 못한
능선 너머 마을이 무척 궁금했어

지금
육신이 노화되어 숨 줄 놓아버리면
원소로 귀향 소멸된 후
이승의 삶은 있는지

육신의 터를 잃은 이성과 감성과 지성은
혼백 길 따라 손잡고 다닐까
영성을 모태로 영성에 의지하여
선업 쌓은 평탄 길 찾아
마누라님 손잡고

빛살 무늬 그리는 사랑 춤 출 수는 있을까

이승과 저승의 징검다리
마누라님과 손잡고 건널 수 있다면
두려움 없는 환한 미소길로 외롭지도 두렵지도 않을 건데

사랑의 너울 춤
바람이 부는 것처럼 스르르 사라져 가자

달빛 금차

해풍과 청정 이슬 머금고 자란
푸릇한 여린 찻잎
똑
뚝 따도
여인의 손길 야속타 아니하는
순응의 미덕

덖을 때
열 오른 가마솥에서
여린 잎 오그라지는 고통
가루 되어 검게 타버린 순형의 잔재는
슬픔의 이별

구증구포 찻잎이 우려낸 녹차는
누구를 위한
달빛 금차인가

그래서 다소곳이 앉아
경건을 앞세우고
찻잔을 받들어 녹차향 음미하며
천천히 마시는가

당신 1

무섭도록 사랑에 목말라
미쳐갈 때
당신 품에 안겨
새 보금자리 찾았지

당신이 없었더라면
이 세상에 내가 있었을까

이 밤
당신이 보고 싶다

당신 2

수평과 수직 사이에
점 하나 찍어 놓고
소꿉놀이하듯 둥지 튼 지
어 언 40년 세월
굴곡진 나이테에 얼룩진 멍 자국

사랑 때문이라고 쓴웃음 지으며 삭혀 보지만
가라앉은 앙금의 암석은 흉터로 남아 있어

삼각점
뒤집어 놓고
아찔
아찔
시소 타기 구름 낀 날들

무저항
나풀거림 사랑의 춤사위 꿈 길 따라
동행해 온 40년
당신은 지금은 나의 디딤돌
새벽 별빛
멘토입니다

제 2 부

동행

가까이에
함께 있으면 안 될까
솜털 같은 숨결로 조용히 있을게

그대 목마를 때
샘물이 되어 주고 싶어서

그대 휴식하고 싶을 때
빈 의자 되어 주고 싶어서

그대 혼자 외로이 있을 때
조용히 다가가 등 기대어
말벗이 되어주고 싶어서…
함께 동행하면 안 될까

당신과 동행하면
슬픔이 발목 잡는다 해도
당신의 따뜻한 온기에 슬픔은 기쁨으로 승화되어
절로
절로
흥겨운 꽃노래 부르는 삶이 될 거야

당신

외갓집 동구 밖
석양이 내리면 엄마 기다리는
어릴 적 당신 모습 그려 봅니다

우수 깊숙이 싸인
어머니 보고픈 생각 먹물 되어
꿈속 베갯잇 적신
어릴 적 당신 모습 그려 봅니다

기력이 쇠하여
혼자 지팡이 의지하여 걷다 쓰러진 노모

어머니 병간하는 당신도
이제 여섯 손자 둔 할머니인데…
고운 햇살로 효심 달구는 하루하루 일상
별빛 되어 우수수 가슴에 안겨 옵니다

누적된 피로가 가져온 대상포진
이 밤
어찌 견뎌내고 있을까

눈물 시린 접시꽃 당신의 미소
가슴 아리합니다

대물림

가난은 대물림인가
굵주림 검은 그림자
굽은 등에 업고
허물 숨기며 살아온 세월 세월
투명하게 드러남이 두려워
깃털보다 가벼운 마음 가라앉혀도
무게 중심 잡지 못하고 흔들리는 심성

아파하는 것을 품에 안고
흘러가는 바람아 바람아
숨어서 각인된 허름한 단칸방
어둠이 하나둘 드러나 뼈 울음 자아낸다

무덤까지 가져가야 할
아파하는 것들
부둥켜안고 흘러가는 바람아 바람아
참회하는 마음의 등불은 끄지 말아다오

사랑은 더딘 걸음이어서 바늘 끝으로 살아온 삶이
당신이 지고 가는 십자가 바라보며 운다
사랑한다 말하려 하면 더듬거려져

당신이 애처로워 당신 생각만 하면 눈물이 나

둘이 아닌 하나

네가 아프면
내가 더 아파

사는 게 다
그런 거지 뭐
표정관리나 잘하며 살자
생긴 대로 신나게 놀다가는 거지 뭐
사는 게 별 수 있나

허영의
가시에 속아서 찔렸다
그럴 수도 있지 뭐

기대 예상치를 바라는 허영에서 벗어나
있는 그대로 즐기자

폐허 된 돌무덤에서
돋아나는 싹에게 물어보자
그대 희망은 무엇인가

꽉 찬 열매는 태풍에도 요동 없이 속으로만 춤추는데
속 빈 강정
많이 아프고 허전하다

시집 출간 축하한다는
메시지 수도 없이 날아오는데
앞으로
아파야 할 일들

대상포진

우수에 젖은 동공으로 힘없이 바라보는 당신과
숲 그늘에 앉아
사랑을 숙성시키는 소꿉놀이하고 싶다

대상포진 약이
얼마나 독하기에
힘 쭉 다 빼놓고 나른하게 만드는가

당신 아픔 나누어 가질 수 있다면
거동 불편한 노모
병 수발에 지친 당신과 함께
노모 쾌차하면
저녁노을 내리는 해변가
다정히 손잡고 거닐 수 있다면

철석
철석
치는 파도
모든 시름 가져가겠지

둥근 소리

지금도 우주 공간을 가르며 치달려 오고 있는 빛
윙윙 거리며 달려오는 그리움의 소리
하도 커서 들리지 않나요

블랙홀 지나 몇억 광년
긴~긴 공허 가로질러 쉼 없이 다가와
대기권 껍질 벗겨낼 때 속살까지 타들어간 상처의 고통

빛으로
빛으로 우리에게 보여주는 그리움
빛 속에 숨긴 할닥임의 숨소리
그대는 들어 보셨나요

매미

생존 번식을 위하여
암 매미를 부르는
처절하리만큼 울어대는 매미들의 합창

6년 생애에서
5년 11개월 나무뿌리 즙 먹으며
애벌레로 땅속에서 살다가
가장 날씨 좋은 여름날을 택하여
땅을 뚫고 나온 애벌레, 5번째 껍질을 벗고
매미란 이름으로 4주간 살다가 생을 마감하는 매미 울음소리

여름이
무더운 까닭은
매미 울음 탓도 아니듯
강물이 가뭄에 메말라
타들어가는 목마름 또한
인정이 메마른 탓도 아닌데

황혼이 내리는 석양 아래서
해 저무는 추수 끝난 황량한 들녘
허무로 어둠이 내릴 때
생을 갈무리 해야 하는 노년의 삶에
못다 이룬 청사진 펼쳐 보지만 슬픔만 가득합니다

매미 울음소리가
더더욱
슬프게 들려옵니다

들꽃

수천만 꽃송이
지천으로 피어있길래
소중한 줄 몰랐지

사랑으로 피워 내기 위해
온 우주의 정기 모아
혼신 다해 여린 꽃대 세워 피워낸 심정의 꽃
수천수만 송이 일지라도
천지를 주고도 바꿀 수 없는 개성 진리체

태양이 작열할 때 목마름 참아내고
강풍이 불어올 때면
서로가 서로를 염려하며 피워낸 꽃

마중물 되어 봄소식도 알려 주었고
들꽃이 풍겨주는 향기
하늘이 그토록 가르쳐 주고 싶었던 진리의 향기

매운 눈물

매운 눈물로
양파껍질 벗겨내듯
참사랑 실체 벗겨 내면

하늘의 통곡이
눈물 되어 옷깃 적셔 옵니다

쉴 틈 없이
일손 놓지 못하시고 뼈 아리게
살아오신 어머니

봉사 정신 앞세워
타인의 눈총 의식하지 않고
소외된 이웃 보살피며
올 곱게 살아오신 어머니

어머니는
나의 눈물입니다

묵언 면벽수행

잡다한 엉클린 소리
내면에서 우후죽순처럼 솟아올라와
새벽 정화수 고요로움이 일렁입니다

사랑으로
의로움으로
아침 햇살 힘입어 굴곡진 구석구석 정화시켜
희망이 요동치는 희열로 아침을 열고
하고 싶은 일들
우선순위 정해 봅니다

일 순위가 〈경전 필사〉라고 내면에서 투정 부리는 것 보면
습관이 몸 마음 주관하려 하는 듯 싶습니다

인문학도 열심히 공부해보고 싶고
시도 수필도 원 없이 쓰고 싶은데
성현들의 발자취 따라 수양도 해보고
자연과 벗 삼고 여행도 다니고 싶은데
하고 싶은 일들

한두 가지가 아닌데

휴식의 달콤한 졸음
쉼표가 두 눈 감고 안방 차지만 안 했으면 합니다

미안해

심정 깊숙한 뼈 울음이 아니면
거짓 눈물이라고

올 곱게 살아온 듯싶어도
뒤돌아보면
차마
고개 들 수 없는 부끄러움

여보
미안하여

이 세상 티 없는 순결로
곱기만 한 사랑으로만
사랑 노래 부르며
사랑으로만 사랑만 하다가
사랑의 빛 내림 발자국 남기고 싶었는데

남겨진 여백엔
진실한
사랑 노래이고 싶다

민들레

양지바른 돌담 틈 노란 민들레
간밤
엄마 그리움
삭이지 못하고 선잠에 퉁퉁 부은 눈

누이야
보고 싶다

마음 흐린 날
희리산
어머니 찾아뵙고 싶다

바람

깃털이
바람에게 물었다
종교의 편견 훌훌 털어버리면
타락 이전의 본성은 찾을 수 있냐고

지나온 세월
바라보니 공허로움에 눈물이 난다고

하늘로부터 배운 침묵으로
고요 청정한 물길 되어
고운 싹 하나 틔워 보고 싶은 열망
사그라져 가는 노년이어서 조금은 씁쓸하다고

보이는 것들이
슬픔이어서 눈물이 난다고

티 없이 순수한 사랑의 인연 줄에 걸린
씨 내림이
친구 하자 할 때도
바람은 아무 말 없었다

본향 길

우주공간 하늘과 땅 사이에서 점 하나로 서성이며
혼돈과 좌절의 폭풍 헤집고
본향 집 찾아가는 운무 길
길 잃지 않으려 허우적거립니다

사랑이 그립다는 외침
외줄기의 아련함으로 다가섭니다

생명도 소진하여 감에
기억도
감성도 어둔하여
그리웠던 이름들도 가물가물 흐려져 가는데

숨틀도 힘들어 할닥임이어서
본향 찾아가는 길 바쁘기만 합니다

봄

봄이 찾아온
고요한 숲길
더딘 달팽이 걸음으로 걸어 보라 하네

들숨 날숨 헤아리며
천천히 봄이 찾아온 오솔길 걸어 보라 하네
그리하면
고요함이 주는 평화로움도 맛볼 수 있다 하네

들숨 날숨 헤아리며
천천히 달팽이 걸음걸음 하면
마음에 안정이 일어나 선정이 따로 없다 하네

빛, 물, 공기

환경 창조는 건설이 아닌
본래의 상태로 복원시키는 것이 우선이어야 한다고

자연의 보고
갯벌 조개잡이는
꿈결 속으로 사라져 간 쓸쓸한 풍경이 되어
더더욱 슬픈 현실

오염되어 서서히 무너져 내리는 지구성*
쓰나미 해일 폭우 폭설……
오 하늘이여
지혜롭지 못한 잔학한 지식 위에 용서의 손길로
깨침을 주소서

수돗물 조차 의심되어
정수기를 설치해야 마실 수 있어
발 동동 구르는 아수라장
누가 누구를 탓하랴

* 地球星

사랑의 기도

당신은 나에게 누구 시기에
잠시라도 소식이 끊기면
어두운 터널 속 미아되어 안절부절 못하게 하는지요

그리움이라는 것
아늑하게 먼 곳으로 이별 여행하는
햇빛 달군 아스팔트 위 달팽이 걸음이 돼요

손짓 하는 이 없어
어디론가에
사라져 가는 아침 이슬방울 같은 슬픔이네요

당신을 향한
진실이 무엇인지는 몰라도
사랑의 기도로
당신 곁에만 항상 머물고 싶으오

사랑의 꽃길

임이 떠난 빈자리가 크게 느껴져
가을은 더더욱 쓸쓸히 찬바람 몰고 옵니다

오고 가는 생과 사
이별 또한 숙명적 필연이라지만
이것은 아닌 듯 싶어 슬픔으로 다가온 이별
눈물샘 터트리고 맙니다

환한 미소인 듯 다가서면
그리움 가득 안고 다가온
사랑의 흔적
꾸억 꾸억 울음 토해냅니다

후대를 위하여
이 땅에 남기신 의로운 행적
본향 찾아 가신 길도
시향 가득 풍기는 사랑의 꽃길 만들어 주셨네

사랑의 본질

지성소* 깊숙한 곳에서
용트림 치는 사랑의 원천수
마시고 싶어 이성까지 마비시키는 뼈 울음

심정 골수에서 흘러나오는
사랑의 진액 흐름에
발정나 포효하는 세상

벌들은 꿀물 찾아서 꽃향기 따라
날고
짝 찾는 소 울부짖음 새벽잠 깨운다

다
아는 것처럼
성숙된 어른인 척
축복으로
완성 완결된 성자의 갑옷 입었다고
종교의 힘으로나
지혜와 영성을 내세워

사랑의 본질이 내 것인 양 교만하지 말자

하늘에 문의하고 보고하고 나서
축복의 촛불을 밝히자

그리하면 흠 없는 사랑이 결실 되어
그 안에서 양육되어지는 자녀들은
태고적 타락 이전의 깨끗한 피를 받아
티 없는 순수로
이 땅에 빛으로 살아가리라

* 至聖所

사랑의 울타리

용서해 달라 말 못 하는
시린 고통
왜
양심 앞세우고 다가와 눈물을 만들어 낼까

허탈함에 탈진하여 힘을 잃은 체
하늘만 우러러봅니다

공허함에 칼바람 불어도 끄떡없던
정성 다해 만든 사랑의 울타리
이기심 가득한
가시 울타리일 줄이야

왕수에도 녹아 흘러내리지 않는
황금보다 강한 백금이라서 좋아했더니만

샘물가에서 갈증 뒤로 하고
목마른 자에게
두레박 건네주며 환하게 웃는 해맑은 미소 보며
하늘이 왜 푸른가를 알았습니다

사랑의 저울추

사랑의 손길로 조금만 건드려도
아프다 한다
많이 아픈가 보다

바라만 보아도
힘들어 한다

왜
무관심 하냐 그리도 싫으냐고
투정하며 아파하는 자
많이 아픈가 보다

사직

누군가는 신이 나서 휘파람 불며 행하는 일이
누군가에게는
감당하기 힘든 일
앙금이 쌓이고 혈맥이 막혀
숨 막히는 할닥임
아픈 통증은 이성도 마비시켜
설움 삼키는 눈물

아늑하게 멀어져 가는 희망
이별의 손짓일까
아물아물 사라져 가네

놓아야 하는 끈이 차가움인가
굳어진 손끝 시림
그래도 아쉬움 떨치고 놓아야 한다

고운 씻김굿으로
떠나야 한다
황금 일자리라도
버려야 할 자리에서는 버려야 사는 길

삶

삶은 신이 나고
아름다워야 한다고
가슴 뛰게 하는 일거리 찾다
요거다 싶어
경전 필사 속에서 찾은 성자들의 의로운 행적
꿈속 아름나운 풍경들
속 그림자는 눈물이었어

그늘막도 되어 주지 못하는 남편 등 기대어
걸어온 당신의 길
성자의 길 보다 아름다운 당신이 걸어가는 길
가정 울타리 안에서 동행하는 동안
더 이상은 육신의 허물 벗을 때까지
아프지 않았으면 좋겠어

죽음 이후의 모든 일
인연이 연기 사라짐 같은 아쉬운 눈물이어도
신의 몫이니
소멸의 연기로 사라진다 해도
꼭 잡은 두 손 절대 놓지 말자

새가 알을 까고 난다

푸드덕
새가 알을 까고 난다

내가 아니면 안 된다고 큰소리 쳤는데
허공 헤집는 날갯짓
왜 이리 허전하고 눈물이 날까

불경으로
경전 필사로
참선수행으로
심오한 기도로
찾고 찾아 헤맨 맨발에 피멍자욱
팔정도 디딤돌 내딛는 고, 집, 멸, 도

집착을 내려놓고 선정에 들면
걸망도 가벼워지고
모든 번뇌 망상도 사라져
평화로움만 최상의 꽃으로 피어나는 줄 알았더니만

푸드덕 새가 알을 까고 난다
허공 헤집는 날갯짓

탐, 진, 치
공수래공수거
왜 이리도 눈물이 날까

삶의 질량

자랑질이
오히려 창피로 변할 때

알았다

풍뎅이
날갯짓 소리가
왜~ 슬픈가를

스치고 지나는 바람처럼
침묵이
질서고
양심을 대신하는 고운 선물임을

제 3 부

새벽을 열며

새벽잠 깨우는 설렘
서두르지 마라
천천히 바라보며 가도록 유도하라
사계절이 소리 소문 없이 순환하듯
흐트러짐 없는 자세로
손을 깨끗이 씻고 단정하게 주어진 시간 맞이하거라

꼭 가야 할 길
아니 가고 나면 후회할 길
머뭇거리며 외면할지라도
강요는 하지 말고 스스로 찾아가는 발길 되게 유도하라

그리하면
가다가 힘이 드는 협곡 만나도
즐거움 찾는 지혜도 스스로 터득하게 되리라

석별

태초에 처음 열림은 빛이었다
사랑이라는 이름으로 생명 태동은
기쁨이었고
그래서
삶은 아름다운 사랑 노래이어야 한다고
성자들은 말해 주었지

이별 또한 고운 흔적으로 남아지기 위하여
흐트러짐 없는 경건한 삶이어야 한다고

생명 다하는 날
슬픈 눈물이어도
고운 미소로 작별 인사 해야 한다고

그래서 이별 송가는
장송곡 대신 성화식으로
떠나는 임 그리는 화동의 시향이어야 한다고

저 멀리서
아른거리는 그리운 그림자
임께서 기다리는 본향 땅
아늑하게 먼
안개 등 희미한 길
어서 가야지

세월 2

지나는 세월을 무심에 두고
살아온 탓일까
쓸쓸해지고 허전해오는 공허 감당할 수 없어
인생이 덧없다고
인생이 덧없다고

바람 불어오는 날
삶이 티 없이 고운 사랑이고 싶은 욕망 앞세우고
홀로 회야강 산책길 걸으며 지나온 날 회상했어

얽히고 설키며
사랑 속 울림과 흐름이
허상의 나래 깃이 아니라고

삶이
죽음으로 종결짓는 허무 같지만
역사는 살아 숨 쉬고
영원을 향하여 빛 내림하며 질주하는
혈통의 소중함에 경건함

비어 있는 중심에서
생명이 싹이 트는
사랑의 기적 손자들 재롱
누가 주신 선물인지 감사함 가져 보았어

세월

천둥 번개 치던 날
외갓집 처마 밑에서 동구 밖 바라보며
기다려도
돌아오지 않는 엄마 그리움에
소매 깃 적시던 어린 소녀
당신 어릴 적 동심 훔쳐봅니다

철부지 남편 만나
농익은 세월
세 아이 낳아 여섯 손자 둔 할머니

어릴 적
외갓집 동구 밖 바라보며 기다리던 엄마는
구순을 바라보는 나이
지팡이 의지하여도 거동 불편하여
당신 부축받고 식탁에 앉아 오물오물
식사를 하십니다

국 맛 어때
맛있다

꽃 지고
열매 거둔 앙상한 삭정이
바람도 쉬어 가지 못하고
휑하니 지나갑니다

하루
하루 노모의 삶
슬퍼해야 할 이별 연습입니다

소원 돌

부드럽게 돌면
소원 성취한다고
순번 기다렸다 돌려본다

마음먹은 대로 다 이루게 해주소
어라
온 힘 다해도 꿈쩍 안 하던 돌

욕심 없이
감사하며 건강하게 살다가 순명케 해주소
별 힘 들이지 않은 것 같은데
돌이 움직여 돈다

마누라님
무슨 소원 빌기에 꿈쩍 안 하는가

후손 만대까지 살아가야 할 이 지구성*
죄악 없는
평화 속 사랑 가득한 무릉도원 되게 해달라 빌었나

쯧쯧
욕심이 컸구나

자연 순리대로 흐트러짐 없는 자세로 올곱게
의로움 속 사랑 노래 부르며
주신 복 감사하며
살아가게 해달라 했나 보다

마누라님
온 힘 쏟은 보람 있네
돌이 움직인다
돌이 움직인다
환하게 웃음꽃 핀 마누라님 얼굴

* 地球星

손금

손금엔
숨길 수 없는 운명이 다 그려져 있다고

보고 배운 아집 속
진실이 힘없게 나풀거림으로
손금을 주시합니다

사람이 모이든 힘이 모이든
모이는 자리가
중심이라 믿었는데

지구 밖에서 보면 중심은 블랙홀 안에 있는 듯 싶기도 하여
태곳적
사랑의 일렁임이
한 점의 핵으로 생명을 잉태하는
신비의 사랑
어머니 숨결 느껴 보고 싶어

단전에 힘을 모으고
참선 수행하듯
명경에 비친 늙어가는 모습 바라봅니다

종교의 긴 터널 안에서
내면의 벽 넘어서지 못한 채
참선 고행으로
심오한 기도로
인정을 넘어선 천정이 그립다고
피 토하는 소리가 들려오는 듯합니다

거미줄에
매달린 아침 이슬이
영혼의 사랑 노래 길 열어 가는 듯
빛 구슬로 안겨 옵니다

꽉 움켜쥔
보아도 볼 수 없는 무아 속 진아
명경에 비친 주름진 얼굴이 침전된 억지
허탈한 미소 안에 그려진 슬픈 자화상입니다

소망

살아가는 동안
굶주린 소외된 이웃들의 슬픈 노래에 귀 기울이며
하늘의 소망
따뜻하게 전해 주고 싶다

죽어서 남길 나의 흔적
포근한 사랑 노래로
길 잃은 철새 쉼터 될 수 있다면 좋겠다

떠난 자리
아쉬움도 없는 깨끗한 공터로
후대들
마음껏 꿈 펼칠 수 있는 놀이마당이었으면

소란스럽지 않게
조용히
성자들 미소 배워가며 살다 가고 싶다

숙제

꼭
풀고 가야 할 숙제

누가 대신해 줄 수 없는
나만의 숙제 풀기 위해
나를 찾아 수행길 떠나 봅니다

고찰 언덕길에서 짓밟히는 낙엽
아프다 한다
세월이 농익어
심정 골수로 우려낸
사랑의 진국 맛 알 수 있을까

나도 모른다
아무도 모른다
하늘은 알까
세월이 농익어 우려낸 정성 진국을

시 습작

멀고 긴 수행 길 기어가듯 더듬더듬
시 습작하여 보지만
환한 진실의 꽃 피워 내기엔 아직도
타인의 길처럼

어둔한 감성의 느낌으로 사물을 인지하는 맹인의 눈
자판 두드리는 손끝은
긴
멈춤에
요행으로 숙성되기 바라는
불 꺼진 등불
책상 앞 떠날 줄 모릅니다

일등이 치러야 하는 긴장감
모범이 요구하는 타율성에 비해 중간은 풍요하고
꼴찌는 편안하며 쪼다는 즐겁다는
어느 책에서 본 역설에 위안을 삼습니다

새벽 운무 길 여시는
당신의 결 고운 시 글에서
가뭄에 타들어가는 농부의 시름이
울컥
울컥거립니다

자연에 순응해야만 하는
때론 건강한 결실을 가져오기도 해
삶의 성공 여부는 가늠할 수 없는 내 영역에서
또
하나의 요행 바라는
눈금 가늠자 흐릿한 무지
무게 중심 잃고 휘청 거리는 오후
바람 한 점 없는 여름 한낮입니다

아들에게

꽃 진 자리에 움튼 연둣빛 이파리
바람에 의지하여
살랑살랑 흔들림 아름다운 봄 풍경이구나

상처 주지 않는 부드러운 지름길 만들어
뿌리 끝에서 받아 올린 수액
조용한 침묵의 기도 같은 성스러움

속살 헤집는 벌레들과
수액 나누며 공존하는 나무
영혼에 울림을 주는 사랑 노래인 듯싶어

아들아
살아가면서
굴곡진 잡음 들려오거든
질타나 간섭하지 말고
은하 길 따라 퍼 올린 하늘의 청정수로 갈증 삭여 보거라

아들아
길 위에 가시풀 돋아나거든
소리 소문 없이 거두어 내고 지나가는 길손
미소로 맞이하여 보거라
그리하면 잊고 살아온 미소
너에게도 하늘이 선물해 주리라
이것이 진정 아름다운 삶인 듯 싶구나

숨어서

참된 사랑은 주고 또 주어도
더 주고 싶은 마음이라는데
돌담 틈에 숨어서
왜 이리도 서성이는가

굶주린 이웃들의 얼굴에서
그늘이 사라지는 것을
소망하면서도
가을의 길목에서
거두어들인 열매
모아둔 곳간 열쇠를 움켜쥐고만 있는지

나 살아있음이 하늘 향기이기를
바라면서도
나는 왜 이리도 서성이는가

양심 1

천천히 명상의 숲길 거닐 때
들꽃 깨어 일어나 미소 짓는 걸 보았어

천년의 한 움켜쥐고
일그러진 옹이에 이끼 낀 사랑의 눈물도 보았어

수천 사람이
해탈 꿈꾸며 고찰 찾아 오른 언덕길
맨들거림에 세월의 흔적이 슬퍼 보임은
비극을 아름다움으로 승화시키기에는 멀고도 아득한 미로
아직도 다 곰삭히지 못한
서두름 때문일까

우주를 중심 삼고 침거하는
사랑의 메아리
영원의 능선 넘을 때

이별이 장송곡 대신
그리움 흔적으로
그대 이름 부르며 사랑했노라 말해도
부끄럽지 않게 양심 앞세워 걸어 집으로 향했어

양심

양심이 한눈팔 때
달콤한 유혹이 뼈를 갈아 달콤한 즙 만들어
개미 떼 모은다

이치에 어긋나는데
아무도 모른다고
해도 괜찮다 충돌질로 불개미 떼 모은다

양심이
누렇게 퇴색돼

푸른 하늘에 부끄러운 깃발 내려지는 날
그때는 알리라
바르게 살아가는 것이 기쁨인 것을

어머니 2

황무지 들꽃으로 살아오신 어머니
성자의 거룩한 발자국보다 빛나는
어머니의 흔적입니다

추억 속에 묻어두기엔
감당하기 힘든 그리움이어서
어머니가 주신 사랑의 꽃물에 소매 깃 적시는 눈물

어머니 살아생전에
철없던 아이
여섯 손자 둔 할아버지
어린 시절로 되돌아가
어머니 앞에서 응석 부리고 싶어
손자들의 재롱에 어쩔 줄 모르는 할아버지 되었네요

어머니 4

수심 깊은 나무 그늘 아래서
칭얼대는 내면의 아이 달래 봅니다

세상 이치
흐린 날도 있듯이
어머니 옷고름에 눈물 적신 날들 하도 많아

언제나 열려있는 하늘(모야 천지)이라지만
제게는
수심 깊은 나무입니다

풍요보다 궁핍이
기쁨보다 아픔이 항상 머물러
떠나지 않는 길목에서
자식 걱정이 전부였던 어머니

서천 하늘에
구름 한 점
어머니 찾아뵙고 가라고

추억 속에 담긴 어머니 살아생전 모습
바람이 전해 주고 갑니다

어머니 5

황금 같은 시간
하루가 너무 짧은 듯
뼈가 부서지도록 일손 놓지 못하고
사신 어머니 행적은
지혜롭지 못한 멍텅구리 삶
부지런함이 그리도 대수였나요

일손 ·
멈추고 잠시
여행 나들이라도 하면
큰일 날 듯

새벽잠 깨우는 닭 울음소리
이 집 저 집 싸리문 밖에 놓인 돼지 먹이 구정물 통
머리에 이고 새벽길 여시던 어머니

힘든 역경 이기지 못하고
위장에 암덩어리 키우며
뼈 가죽에 휑하니 움푹 패인 눈으로

마루에 걸터앉아
학교에서 돌아오는 자식 기다리시던 어머니

새벽 4시
구정물 통 이시고
새벽길 여시던 그 시각에
어머니 곁에 둘러 앉은 교우들 방언기도 들으며
제
이름
홍윤아~~ 홍윤아
부르시고는 운명하셨지요

어머니
생각만 하면 눈물이 나요

어머니 6

팔색조
카멜레온처럼
이래도 흥
저래도 흥, 흥흥거려도
알 건 알아요

흉보면 흉보는 대로 흥
잘한다 칭찬하면 칭찬하는 대로 흥
자~알~~ 한다 비웃고 책망해도 흥흥하며
무대 위에서는 활짝 웃는 광대여도
하늘 슬픔 안겨오면
홀로 펑펑 우는 여린 저예요

어머니는 아시는지요
어린 제 손 잡고 친정 나들이 길에서
힘들다 칭칭 대면
들풀들의 이야기
잘 알아듣도록 오손 도손 이야기해 주셨지요

어머니는

제 곁에 아니 계셔도

항상 함께 하고 계심을 잘 알아요

그래도

어머니의 실상 보고 싶어요

가뭄에

들풀이 시들어 갈 때면

어머니 7

여린 감성이
하늘 심정 목말라
쓴 즙 들이켜며 울부짖는 간절함의 기도
먼 곳에서 피어오르는 물안개 사랑도
사랑이라고
어머니 치맛자락 붙들고 칭얼대는 철없는 아이

휘청거리는 발길 가누지 못하고
쓰러질 듯
쓰러질 듯
비틀거리는 철없는 아이 등에 업고
당당하게 굴곡진 길 펴시고
하늘 끝 선단에서 승리의 노래 부르시던 어머니

어머니 타는 속내
숨기신 한숨
하늘에 계신 아버지는 알고 계실까

어머니

심정초 깊이 타들어가는 밤
시리고 아픈 눈물만큼 아버님에 대한 그리움은 커져가고
어머니의 설움 설움
한 맺히고 피맺힌 절규
천둥소리 같은 환청으로 들려와
성초 불빛도 파르르 떨립니다

세상 모든 허물 다 품어 안으시고
하늘 부모님 앞에 하소연도 못 하시며
아버님 염려 덜어드리기에 급급하셨던 어머니

천일국 기원절 설정한 터 위에
다 이루었다 말씀하시고
홀연히 본향으로 떠나신 아버지의 회한
산천초목도 감성이 어둔하여 몰랐지만
하늘 부모님만이 아시고 침묵의 한으로 숨길 때
어머니는 아버지 그리움에 속울음 흘리셨지요

시묘살이 정성 기도 모으시며
3년의 세월 숨어 오열하신 어머니

본향으로 입성하신 천주의 정적
아버지가 계시지 않은 빈자리
어머니는 어찌 감당하셨나이까

아버지의 뜻 길 의로운 행적
이전에나 이후에도 다시없는 세상의 빛으로 오신 참부모님
참아버님께서 남기신 유훈
꼭 이루어야 할 일 태산 같아
홀로 베갯잇 적시는 어머니의 눈물 가슴에 아려오는데
철없는 자식이라도 어찌 외면할 수 있겠습니까

어머니 어머니 심려 마시옵소서

동토의 땅에 따뜻한 심정의 훈기 돌고
축복의 씨앗 뿌려 싹이 트고 꽃이 피고 열매 맺어

결실을 거두겠사오니
무거운 등짐 내려놓으시고 눈물 거두어 주소서

부산교구 헌당식에 오셔서
심정의 옥함 열어
사랑의 꽃비 내려 주시는 어머니
아버지 손잡고
뜻의 출발지 범냇골 성지 오르시어
부산교구가 길이길이 빛나게 축복하여 주옵소서
사랑합니다 참어머니!

여름

오늘같이
불볕더위엔
흰 눈 쏟아지는 겨울날
당신 손잡고 눈길 거닐던 추억 회상해 봅니다

성애 낀 창문에 하트 그리며
다소곳이 다방에 앉아 커피 한 잔 나누던
그 젊은 시절
세월의 너울성 파도에 실려와
이제는
손자 이야기가 꽃밭 이루었네요

할머니
보고 싶다 투정 부리는
전화 속 손자 목소리
안절부절못하는 당신
아직도
내게는 티 없이 순수한 소녀입니다

영웅

영웅의 갑옷을 입고
대낮 뜨거운 열기 참으며
영웅으로 살아간다

갑옷에 비친 햇살 눈이 부셔
타인의 눈 시리게 만들고

갑옷 끈 단단히 동여매
땀 베이는 소금기 절이는 고통 참으며
영웅으로 살아간다

갑옷 벗어 버림이 진정한 영웅인 것을 알지 못하고
전쟁 끝남이 언제인데…
지금도 허세부리며 전쟁의 영웅으로 살아간다

책장 서재에 그득 쌓인 먼지 속에서
영웅임을 각인시키는 표창장

오늘은 오늘

교통사고 난지
2년
오늘이 바로 그날

속은 것 같다는 어제
어제는 어제
오늘은 오늘

잊을 것은
하얗게 잊었으면 좋겠다

오늘은

오늘
하루만이라도
묵상의 나래 깃도 접고
생각은 고요이고 싶습니다

바람 한 점 없어 일렁임 없는
잠든 수면 위에 투영된 별빛 같은
동심의 세계에서 건져 올린
곱기만 한 한 폭의 그림 같은 시 글을
지어 보고 싶어서입니다

부질없는 말장난에서 벗어나
진솔함에
깊은 통찰과 간결한 시어로
당신과 함께 떠나는 여행이고 싶습니다

욕심

다 비웠다는데
꽉 차 있다

가진 것 하나 없다는데
차고 넘친다
없는 것 없이 다 있다

딱
한 가지 없는 것
만족이 없어 슬퍼 보였다

우물물 퍼 올리는 두레박 소리

아 어쩜 그리도 곱게
말을 잘할까

뼈아픔 속에서도
웃음 자아내는 지혜
누가 준 선물일까

이 지구성*에 머물며
보고 들은 것 그대 고운 입술로 말하면
추함도 아름다움으로 승화돼
간절함에서 우러나오는 그대의 빛과 향기는
오래오래 두고 보고 들어도
싫증 나지 않는 그림과 노래 되어
죽음 뒤편에서도 여운으로 남아

목마른 모든 이에게 들려오는
그대가 우물물 퍼 올리는 두레박 소리

* 地球星

제4부

운명

어머니께서
목숨 줄 놓았을 때는 울지 않았다
철이 없어 그랬을까
신앙과 기도 힘입어 영생의 집 찾아갔다고
다시 볼 수 없는 이별이어도 울지 않았다
그러나
새벽 회사 출근길에서 교통사고로
유명을 달리한 조카의 삶이
억울하고 불쌍해서 펑 펑 울었다

몽당연필 잡은 손 떨림으로
시심 깊숙한 곳에 두레박 내려놓고
멀고 먼 역사의 기원을 넘어서 있는
그리운 나의 어머니에게 떼를 써본다

옹알이와 양팔 허우적거림
詩가 아니어도
보이는 詩를 쓰고 싶다고

유머 아무나 하나

간밤
설거지 후다닥 하고
대왕 마님 누워계신 다리 주무르는데
뜬금없이
대왕 마님 웃겨 보라 하시네

4차원 세계에서 사시는 마님을
무슨 재주로 웃겨 드린단 말인가

이곳
저곳 다 뒤져
유머 코믹 검색하여 웃겨 드리는데
안 웃겨도 좋으니
주름진 얼굴
쥐 내림 흉상 만들지 말고 생긴 대로 놀라 하시네

꿈대로
이상대로
안 되는 게 세상일

내 만나 고생하시는
대왕 마님의 어여쁜 얼굴에
언제쯤이면 환한 웃음꽃
피워 드릴 수 있을까

윤회

여린 푸른 열매
작열하는 태양 아래서
뿌리 수액으로 거두어드린 자양분 힘입어
쓰고 아린 맛
시간의 흐름 속에서
단 즙과 향으로 거듭난 여정
사과 먹을 때
뿌리와 잎새의 수고도 있었음을 이야기하겠습니다

아삭아삭 씹힐 때 혀에 녹는 단 즙
사과나무의 한 철 수고로움
뿌리와 잎새의 열정도 있었음을 잊지 않겠습니다

서서히
쓴 즙 허물 벗겨내며
당도 높여 가는 알찬 희열의 농익은 과일
그 희망의 정점
아삭 아삭 씹히는 최후

먹고 버린 씨앗
희비의 쌍곡선 그린 무덤가에
싹 돋음
새벽 미명 길에

나무로 우뚝 서는 날
푸드덕
새가 알을 까고 난다

이별 연습

슬픈 눈으로 바라보지 마세요
이제는 그만 웃어봐요
할딱이는 숨길이 슬픔 가져와도
우리 이제
사라짐이 슬프지 않도록
웃음으로 이별 연습해요

일상 속 경전 필사

영광스러운 자리에 초대받아
신나서 춤추는 게 아니다
무관심에
누구 하나 오라는 곳 없어도
외롭거나 심심하거나 따분하지 않은 것은
내가 나를 정중히 귀빈으로 초대해서
나와 함께하기 때문이다

무슨 허물이 있어 벽을 두고 주인님이라 하는가
항상 양심을 앞세워 동고동락한 사이인데

내가 필요한 건
천성경과 필사할 노트와
심 좋은 볼펜만 있으면 좋을 듯 싶어
천성경 필사하다 힘들면 낮잠도 잘 터이니
걸림 없는 바람 같은 삶
이보다 큰 행복 또 어디 있으랴

내가 나에게 내 자랑할 때
신이 나고 기분 최고이지
이번 천성경 필사 5회째 정말 대단하다 자위하며 흐뭇해 하지

뜻 길 여백에 3대 경전 필사 한 두루마리 펼쳐보면
아마도 100미터는 넘을 것 생각하면 기분이 참 좋아
기네스북 감이지
인류 역사에 한 획을 긋는 열정으로
필사하면 나를 대표하는 내가 나답게 산 보람 느껴

내가 나를 잘했다
멋있다
훌륭하다 칭찬해줄 때
흐뭇하고 기쁘지

타인이 잘했다 참으로 좋다 박수 보낼 때 그 기쁨은
흘러가는 바람 같은 것
진정 승리의 기쁨은 나와 나눌 수 있는
내 안의 나

타인 주는 칭찬
마음에 두면 안 되지
나로 인해 타인이 가지는 기쁨은
잠시 스치는 바람일 테니까

일상

죽음 앞에서 요동 없는 저울추
삶은 어쩌거나
아름다움이어야 하고
즐거움이어야 한다고

그런데
칼끝 에이는 긴장감
그리고
두려움과 슬픔과 분노가 동반한
아슬아슬한 곡예 춤도 있었지

바람이 스치고 지나간 자리에
남긴 흔적은
그래도
만인 모두가 좋아하는 사랑 노래이어야 한다고

사라짐이 허망일지라도
은은한 미소에 사랑 향기 풍기는 일상이어야 한다고
자성하며
기도의 침상 펍니다

일침

이기심으로 엉클린 매듭
요란스럽게 살아왔어도
술 술 잘 풀리는 어머니 실타래같이
사라져 가는 끝점은 조용한 순수였으면

자연에 순응하며 거짓 없이 살아왔다지만
욕심 비운 자리에
옹돌로 박힌 욕심
내공으로 키워온 보석처럼
버리기엔 아쉬움으로 남아

부부는 일심동체
꼭 손잡고
탐심은 금이 아니라고 일침을 놓는다

자랑질

너무 좋아서
감사할 일이라서
예쁘고 고와서
신이 나서

내 것도 아닌데 내 것인 양
자랑으로
광고 선전하듯 떠벌리는 것도 인권 침해지

나서야 할 자리
나서지 말아야 할 자리 아는 것도
인품이지

손주 자랑
자식 자랑
아내 자랑
친구 자랑
회사 자랑
내 자랑까지

푼수
멍텅구리가 하는 짓이지

참새 지저귐
배가 고파서
때로는
위험 신호로
짝 찾기 위해서 지저귐
꼭
필요한 말만 지저귀지

지나가는 삶

다시는 되돌아갈 수 없어
침묵으로 흐르는 강

하늘은 비 되어 눈물로 흐르고
땅은 빛 되어 꽃으로 피어나고
심정의 시린 가슴에 담아둔 사랑 이야기는
아직도 끝나지 않았다

푸른 시절도 잠시
지나는 세월 감당 못 해 백설 된 머리
염색으로 중년인 척 위장하고 기력 돋워 굽은 허리 꼿꼿이
세우고 헛기침한다

지독한 사랑 1

어머니는
누구보다 자식을 잘 안다지만
하나도 몰라요

그저
사랑의 눈으로만
사랑의
가슴으로만 알아요

다 큰 아이
강가에서
신나게 뛰놀아도
피를 말리며 안절부절못해요

지독한 사랑

이 세상에서 가장 나를 잘 아는 당신
나는
당신을 잘 아는 듯 싶어도
당신은 나를 너무 잘 알아도
나는 당신을 잘 모르겠어요

당신 거울에 비친 내 모습
그려 봅니다

자기 고집대로
하고 싶은 일 다 하고 사는 사람이라지만
나는 그렇지 않은 듯 싶어요

타인의 말은 잘 들으며
내 말은 죽어라고 안 듣는 사람이라지만
나는 그렇지 않은 듯 싶어요
변명은 하지 않겠어요
당신
허튼 말 하는 것 본 적 없으니까요

그래도
내게는 꼭 필요한 사람
월급만큼은
꼬박꼬박 통장에 들어오니까

그래도
반찬 투정 없이
맛있다며
밥 세끼 잘 먹어 주니까

산행 비탈길에서
손 한 번 잡아 주지 않아도
여행 간다면
두말없이 갔다 오라고 등 떠밀어 주니까

목욕도
하기 싫어해
등 떠밀어 욕탕까지 따라 들어가
등 밀어줘야 하니까

장모님
오래오래 사시라고
엄지 양손 치켜 세우며 한쪽 눈 찡끗거리는 남편이니까

오미자 같은
알다가도 모를 당신 거울에
비췬
내 모습 그려 봅니다

지식이나 지혜는 없어도

성실하게 살아온 당신

거친 손등과
검게 탄 구릿빛 얼굴이 전해주는 숭고한
아름다운 그대의 미소

간사하게 타인을 속일 줄도 모르고
고운 것 들어내 자랑할 줄도 모르는
우직한 그대 삶

고운 향기 대신 땀 내음 풍겨와
남들이 싫어하는 궂은 일 도맡아 하면서도
짜증 부릴 줄 모르는 그대

다듬지 않은 원석 그대로의
당신 참모습은
본연의 하늘 향기인 듯 싶습니다.

지렁이

높이 날면 멀리 보인다지만
바삐 가던 길 멈추고
下心으로 목 고개 숙이면
달팽이 느린 걸음 가슴에 안겨와
여린 들풀의 숨결 소리도 들을 수 있어
미물의 숭고함에서
생명의 경외함을 배울 수 있는 행운으로
응달진 잔설 녹여내는 봄기운도 느낄 수 있다고

짓밟히고 짓밟혀도
저항 없이 꿈틀임이 전부인 몸짓
두 동강이 나고서도 두 몸 만들어
만고불변의 사랑 진리를 가르쳐주는 지렁이

지나간 자리는 기름진 토양 되어
푸른 싹 틔우는
의로운 행적도 지렁이를 통해서 배우게 돼

지렁이 낚시에 꾀여 짜릿한 손맛 보는 강태공
지렁이 물고 푸득이며
물 위에 올라오는 물고기 비늘 위에 비취는 햇살 무늬가
건네주는 무거운 침묵을 느낄 수 있다면

서로가 서로를 위하며 공존하는 평화
이 지구성*에 언제쯤 정착되어 질까

* 地球星

진실의 꽃

아침 산책길
토끼풀 군락 이루어 피었습니다.
꽃향기가 실바람 타고
발목 잡아 천천히 걷습니다.

아름다움과 그윽한 향기
영원을 간직하고 사라져 갑니다.

여보
우리 손잡고 걸어 볼까
진실의 꽃이 되어.

참 부모경

원초 성지에서 피어난 사랑의 꽃
하늘의 허락 없이
잘못 건드리면
욕정의 불길 되어 살아남을 이 아무도 없어

이 세상에서
가장 행복하다고 활짝 웃는 자
내면의 아이 울고 있어

참 부모님께서 혈통 전환시켜 준
축복의 은사
이보다 더 큰 기쁨 이 세상에 또 어디 있으랴

한 말씀
한 말씀 한 획 한 획 사이에 스며드는
심정의 향기

뜻 길 여백에 쓰인 부모님경
낙관에 묻어난 마침표가 슬퍼 보이는 까닭은
사랑에 목말라 우는
세상 설움 때문입니다

침묵

날아라
훨
훨
창공 드높이

꽃비 내려도
본연의 자세 흐트러짐 없이
갈구했던 꿈망울
당당하게 터트려 보거라

허공 중에 메아리 되어
되돌아오는 명성에는 귀 기울이지 말고
훨
훨
창공 드높이 날아 보거라

누가 길 없는 길에서 길을 묻거든
잘 안다고 친절 베풀어 순탄 길 막지 말고
하늘만큼만 침묵하거라

커피 한 잔

오늘 아침에는
쓸쓸히 나뒹구는 낙엽과 차 한 잔 나누었습니다

타인의 허물이 보이는 내가 불쌍하기도 하고
무심으로 자라나는 혀의 가시 침도 싫어서
나를 미워하다가
내가 나를 미워하면
어머니가 슬퍼서
오늘 아침엔 괜히 눈물이 나서

누군가에게라도 하소연하고 싶어졌지요
음침한 골짜기 거니는 발걸음 소리가
시린 가슴 더 시리게 하네요

하늘의 침묵

눈길조차 주지 않는 요지부동의 침묵
살짝 조심스럽게 건드려 봅니다

그대가
움켜쥔 〈평화〉〈사랑〉〈자비〉의 정체가 무엇인지
알고 싶다고

쓰나미가 쓸고 간 폐허 속 비명 소리 듣지 못했냐고
테러 폭력은 또 뭐냐고

굶주림에 할딱이다 숨을 놓아버리는
아사자 속출하는 비절 참절 억울함
한의 한스러움
왜
왜
뻔히 알면서도 하늘은 침묵하는가

자비를 누구보다 잘 안다고 큰소리치면서
번득이는 칼 휘두르며 피를 부르고 있는데

하늘은 왜 침묵하는가

사랑이 변질돼
광기 어린 폭력이 자행되는데
왜 하늘은 〈평화〉〈자비〉 〈사랑〉을 움켜쥐고 침묵하는가

풀샷(제초제)

가을도 아닌데
무슨 날벼락
풀잎이 시들 시들 메말라간다
푸르고 싱싱했던 날도 있었건만
아들아 괜찮니
간밤에 열이 나더니만 견딜 만했니

엄마는 힘들지 않았어
혈색이 안 좋은데…
엄마 목이 말라

모든 게
미안한 것 뿐이구나

비가 내려도
갈증 삭이기엔 힘이 없구나
아들아
등 기대고 함께 떠나자

해바라기 꽃

허공 향해 울부짖다
빛이 있음을 보았다

숨틀 내린 닻줄에 걸린
사랑이라는 그리움
빈집 지키고 있다가

시향의 굿춤으로
해바라기 꽃 피워 냈다

훈련

철새 떼 날아간 갈대숲에
홀로 남아 울부짖는 새가 된 듯
하루를 조용히 침전시켜 봅니다

철저하게 소외당한 외로움 속에서도
당당해야 한다는 생각은

그래야
생명을 주신 자에 대한 감사고
예의인 듯 싶어서입니다

깨침이 싹 돋음도 되지만
때 아닌 때일 때
시기상조로 고통과 파멸이 되기도 하는 것 보면

하늘은
청정으로 흐르는 물결도 잠든 듯
출렁임 없는 고요에 별빛 내려놓고

요동치는 물결 위에서는
빛도 내려앉을 수 없음을

내면의 자아에게
일렁임 멈춘 듯
어느 수모에도 살아남으려면
참아라
참아라
내공을 키워라
경문 외우듯 합니다

선조들의
대쪽 같은 정신으로
연약해지는 자아 훈련하는 시간 가져 봅니다

흥흥 허허

허리 부러뜨리는 일
저질러 놓고 흥 흥
휘파람 부는 심보
경전 필사가 그리도 좋을까

세상은 요지경
알다가도 모를 일 너무 많다
이해 안 될 일 너무 많다

모나 나서 지금은 고통이어도
부딪치고 부딪치며
돌아가다 보면 둥글어진다며
둥글게 잘 돌아간다 콧노래 부른다

개뿔
억지로 돌리고 돌리다
욱살 박살
깨진 그릇 여러 번 보았다

허그하다
갈비뼈 나간 할머니
병원 신세에도 허그는 좋았다고……

지지고 볶고
으르렁거리다
너도 좋고 나도 좋다 포용하는
알다가도 모를 세상

허세도
과욕도 어느 때는 보약으로 통하는 세상
아리송한 일
너무 많다

호미

하루 끼니 걱정하던 시절
차가운 바람 가르며 구정물 통 머리에 이고
새벽길 여시던 어머니의 총총 걸음 회상해 봅니다
허기진 배 움켜쥐고 밭고랑 만들던
어머니의 매몰찬 호미
어머니의 시린 눈물 닦아주던 호미
어머니의 한숨 묻어있는 호미자루
기시 되어 목울대 건드립니다
대물림해준 어머니의 호미
몽당연필 되어
시 글로 한 소절 사랑 노래 엮어 갑니다

▌해설

일상의 깊이와 시의 궁극

임종성(시인, 문학박사)

1.

남의 얘기는 듣지 않고 내 얘기만 하면 과장이나 허세가 생기고, 말에 힘이 따르지 않는다. 다른 사람의 얘기를 들어 주면 그 말 속에 나와 세상이 깃들어 있는 것이다.

시는 남 얘기를 통해 자기 얘기하는 것이 아닌가 한다. "진짜 시인은 자기 자신에게 말할 때도 타자와 이야기 한다" (옥타비아 파스)는 언사에 귀를 기울일 만하다는 생각이 든다.

2.

하늘이 가르쳐주는 사랑 노래
따라 부르다 보면
거친 심성도 고와져

천도의 순리 속에서
생육되는
아이의 환한 미소로 세상 바라보면
아름다운 무릉도원에 피어 있는 우담바라 꽃 보게 되리라

순백한 비움 안에
차가운 눈발 휘날려도
선명하게 드러내 보이는 해맑은 세상

냉기류에
그대 숨긴 눈물도
칭찬과 격려로 희망의 온기 돌아
속울음 달래줄 수 있어 좋고
그대의 기쁨 공유할 수 있어 좋아

「겨울나무」 전문

가을이 오면 나무는 낙엽을 떨어뜨려 지상에 내려 보내지만, 나무는 그 상실을 느끼면서도 비를 맞고 햇볕을 쪼이고 서리와 눈을 맞는다. 나무는 뿌리에서 눈 뜨고 줄기로 바람의 푸른 힘을 만들고 가지 끝에서는 비로소 꽃으로 부활하며 봄을 기다린다.

화자는 〈천도의 순리 속에서/생육되는/아이의 환한 미소로 세상〉을 바라보면서 〈아름다운 무릉도원에 피어 있는 우담바라 꽃 보게 되리라〉고 굳이 믿고 있다. 〈차가운 눈발 속〉에서도 〈해맑은 세상〉을 내다보며 매우 긍정적 시각을 가진다. 겨울나무처럼 강인한 화자의 내면 의지는 다르지 않다. 아득히 먼 길을 화자와 나무는 함께 가자한다.

가까이에
함께 있으면 안 될까
솜털 같은 숨결로 조용히 있을게

그대 목마를 때
샘물이 되어 주고 싶어서

그대 휴식하고 싶을 때
빈 의자 되어 주고 싶어서

그대 혼자 외로이 있을 때
조용히 다가가 등 기대어
말벗이 되어 주고 싶어서…
함께 동행하면 안 될까

당신과 동행하면
슬픔이 발목 잡는다 해도
당신의 따뜻한 온기에 슬픔은 기쁨으로 승화되어
절로
절로
흥겨운 꽃노래 부르는 삶이 될 거야. 「동행」 전문

가까운 길은 혼자가고 먼 길은 함께 가며 편안과 위로를 나누어 가질 수 있어 좋다. 동행의 미덕을 말하는 것이 아닌가 한다. 동행이란 말의 내포는 단순히 함께 길을 걷는다는 것이 아니다. 먼 길을 가면서 마음의 교감 영역을 깊이 넓히는 것이다.

화자는 자기 몸에서 샘물이 되어 주고 빈 의자가 되어 주고, 말벗을 내어 주고 싶어 한다. 〈당신과 동행하면/슬픔이 발목 잡는다 해도/당신의 따뜻한 온기에 슬픔은 기쁨으로 승화〉되는 것을 믿고 있는 것이다. 사랑의 대상인 그대, 당신을 사랑하기 때문이다.

사랑의 끝에 매달린 그리움
바로
너였다

우담바라 꽃
사람을 대할 때 본성은 숨기고
바라본다지
그래서 은은한 미소에 오래도록 취하는 걸까

그대가
건네주는 시 꽃
오래도 우려낸 시 꽃

아프지 않고 오래도록.

「내 사랑」 전문

그런데 사랑은 가장 변하기 쉽고 동시에 가장 파괴하기 어려운 ,불가사의한 감정에서 산화되고 풍화된다. 이러한 사랑의 속성을 드러내면서 화자는 '구체적 대상을 너'로 내정한다.

〈무섭도록 사랑에 목말라/미쳐갈 때/당신 품에 안겨/새 보금자리 찾았지// 당신이 없었더라면/이 세상에 내가 있었을까. [당신1]처럼 〈그대가 건네주는 시 꽃〉을 피우기를 기대하며 부디 〈아프지 않고 오래도록〉 견디기를 바라고 있다.

지식이나 지혜는 없어도
성실하게 살아온 당신

거친 손등과
검게 탄 구릿빛 얼굴이 전해주는 숭고한
아름다운 그대의 미소

간사함으로써 타인을 속일 줄도 모르고
고운 것 드러내 자랑할 줄도 모르는
우직한 그대 삶

고운 향기 대신 땀 내음 풍겨와
남들이 싫어하는 궂은 일 도맡아 하면서도
짜증 부릴 줄 모르는 그대

다듬지 않은 원석 그대로의
당신 참모습은
본연의 하늘 향기인 듯싶습니다. 「그대는 원석」 전문

아리스토텔레스는 〈형이상학〉에서 "모든 인간은 나면서부터 알고 싶어 한다"고 지식에 대한 욕구를 말했다. 그런데 내가 알고 있는 것은 나를 무지하게 만든다. 내가 아는 한 알고 있는 정도만큼 나는 무지한 것이다. 그래서 지식보다는 지혜 있는 것이 좋고 바람직하다. 지혜는 은혜의 샘이다. 맑고 푸른 물을 마시면 마실수록 힘이 나고 솟아오른다. 지혜는 공부해서 나오는 것이 아니다.

화자에게 사랑의 대상인 그대는 원석이라는 것을 강조한다. 시의 내부에 자리 잡고 있는 그대가 누구인가 하는 것은 중요하지 않다. 그대는 지식이나 지혜가 없어도 좋은 〈성실하게 살아온 당신〉이다. 또한 그대는 〈다듬지 않은 원석 그대로의 당신 참모습〉이며 〈본연의 하늘 향기〉에 가까운 사람이다. 사랑하는 데는 지식이나 지혜가 없어도 아무 구애를 받지 않는다.

> 내면의 아이
> 기다림에 지쳐 퉁퉁 부은 눈으로 잠든 얼굴
> 꿈속 그리운 어머니
> 눈 뜨면 만나볼 수 있을까
>
> 푸른 잎새 무성한 나무
> 뿌리는 돌 틈 사이 헤집고 울고 있네요.
>
> 어머니
> 영원히 마르지 않는 사랑의 샘물이고 싶어요.
>
> 「내면의 아이」 부분

시의 내부에 있는 어머니는 〈기다림에 지쳐 퉁퉁 부은

눈으로 잠든 얼굴〉인 아이에게는 가장 그리운 사람이다. 눈뜨면 꼭 만나고 싶은 어머니다. 이러한 어머니는 〈영원히 마르지 않는 사랑의 샘물〉인 것이다.

어머니는
누구보다 자식을 잘 안다지만
하나도 몰라요

그저
사랑의 눈으로만
사랑의
가슴으로만 알아요

다 큰 아이
강가에서
신나게 뛰놀아도
피를 말리며 안절부절못해요.

「지독한 사랑 1」 전문

어머니와 아이는 서로 〈그저/사랑의 눈으로만/사랑의/가슴으로만 느껴 알 수 있다.

동심 일체를 이루어 나가는 한 생체이다. 어머니는 아이의 눈 속에 스며있고, 아이는 어머니 뱃속에 수없이 드나든다.

양지바른 돌남 틈 노란 민들레
간밤
엄마 그리움

삭이지 못하고 선잠에 퉁퉁 부은 눈

누이야
보고 싶다

마음 흐린 날
희리산
어머니 찾아뵙고 싶다. 「민들레」 전문

어머니 앞에 자식은 〈양지 바른 돌담 틈 노란 민들레〉인지 모른다. 〈간밤 /엄마 그리움/ 삭이지 못하고 선잠에 퉁퉁 부은 눈〉을 가진 아이에게 어머니는 이 세상 언제 어디서나 따뜻한 방이다. 어머니를 그리워하는 것은 눈시울 젖는 일이다. 어머니는 누구에게나 마지막 사랑의 언덕 아래 자리 잡은 샘터다.

허기를 채워주고 목마름을 적셔주는 아픈 상처에 새살이 돋도록 기도하는 힘을 만들어 주는 모성은 모든 지식과 지혜, 그 너머에 있다. 화자의 의식은 깊은 밤에도 새벽을 열고 있다.

새벽잠 깨우는 설렘
서두르지 마라
천천히 바라보며 가도록 유도하라
사계절이 소리 소문 없이 순환하듯
흐트러짐 없는 자세로

손을 깨끗이 씻고 단정하게 주어진 시간 맞이하거라.

꼭 가야 할 길
아니 가고 나면 후회할 길
머뭇거리며 외면할 지라도
강요는 하지 말고 스스로 찾아가는 발길 되게 유도하라

그리하면
가다가 힘이 드는 협곡 만나도
즐거움 찾는 지혜도 스스로 터득하게 되리라.

「새벽을 열며」 전문

화자는 남성적 언사를 구사하여 〈흐트러짐 없는 자세로/ 손을 깨끗이 씻고 단정하게 주어진 시간〉을 맞이하기를 자기 스스로에 다짐하며 당부까지 한다. 그래서 끝내는 〈꼭 가야 할 길〉을 당당하게 가도록 유도하고 있는 것이다.

3.

임흥윤 처녀 시집 『심정의 꽃』의 가장 중요한 요소는 삶과 자연, 가족 사랑 등 시인이 지향하는 정서적 가치가 상응하는 장면에서 부가된다. 삶의 본질이나 의미, 자연이 안겨주는 위안, 어머니를 중심으로 한 가족 사랑이 서정적 감각을 빌려 시의 내면을 채워 주고 있다. 담백한 남성적 어조를 바탕으로, 특별한 수사를 구사하지 않으면서도, 일상의 깊이를 파악하고 천착하여 이미지 개진보다 진술에 의하여 전면적 진실에 비중을 두고 일상적 깊이와 시의 궁극을 지향하는 좋은 결실이다.

임흥윤 시집
心情심정의 꽃

인쇄일: 2017년 9월 18일
발행일: 2017년 9월 25일

지은이: 임흥윤
펴낸이: 최경식
펴낸곳: 도서출판 청옥문학사
인쇄처: 세종문화사

등록번호 제10-11-05호
E-mail: sik620@hanmail.net
전화: 051-517-6068

값 10,000원

ISBN 978-89-97805-63-1 03810

이 도서의 국립중앙도서관 출판예정도서목록(cip)은 서지정보유통지원시스템 홈페이지(http://seoji.nl.go.kr)와 국가자료공동목록시스템(http://www.nl.go.kr/kolisnet)에서 이용하실 수 있습니다.(cip2017024759)

* 본 도서는 경남문화예술진흥원 선정 작품 e-나라 도움 기금으로 제작되었습니다.